T0002086

Para Antonia

¿QUÉ SON LOS MOCOS?

Y OTRAS PREGUNTAS RARAS QUE HAGO A VECES

¿QUÉ SON LOS MOCOS?

Y OTRAS PREGUNTAS RARAS QUE HAGO A VECES

ILUSTRADO POR @BALBONTA

El papel utilizado para la impresión de este libro ha sido fabricado a partir de madera procedente de bosques y plantaciones gestionadas con los más altos estándares ambientales, garantizando una explotación de los recursos sostenible con el medio ambiente y beneficiosa para las personas.

¿Qué son los mocos?

Primera edición en Chile: mayo de 2019
Segunda edición en Chile: junio de 2019
Primera edición en México: marzo de 2020
Primera reimpresión: septiembre de 2021
Segunda reimpresión: febrero de 2022

D. R. © 2019, Gabriel León

D. R. © 2019, Penguin Random House Grupo Editorial, S. A.
Merced 280, piso 6, Santiago de Chile

D. R. © 2022, derechos de edición mundiales en lengua castellana:
Penguin Random House Grupo Editorial, S. A. de C. V.
Blvd. Miguel de Cervantes Saavedra núm. 301, 1er piso,
colonia Granada, alcaldía Miguel Hidalgo, C. P. 11520,
Ciudad de México

penguinlibros.com

Penguin Random House Grupo Editorial apoya la protección del *copyright*.
El *copyright* estimula la creatividad, defiende la diversidad en el ámbito de las ideas y el conocimiento, promueve la libre expresión y favorece una cultura viva. Gracias por comprar una edición autorizada de este libro y por respetar las leyes del Derecho de Autor y *copyright*. Al hacerlo está respaldando a los autores y permitiendo que PRHGE continúe publicando libros para todos los lectores.

Queda prohibido bajo las sanciones establecidas por las leyes escanear, reproducir total o parcialmente esta obra por cualquier medio o procedimiento así como la distribución de ejemplares mediante alquiler o préstamo público sin previa autorización.
Si necesita fotocopiar o escanear algún fragmento de esta obra diríjase a CemPro (Centro Mexicano de Protección y Fomento de los Derechos de Autor, https://cempro.com.mx).

ISBN: 978-607-318-945-3

Impreso en México – *Printed in Mexico*

ÍNDICE

PRÓLOGO
(o por qué escribí este libro)

Una tarde, hace ya un tiempo, mi hija me gritó desde el baño que fuera a ver algo. Tenía cuatro años en ese entonces, y adoraba darse baños de tina. Cuando entré, vi que estaba mirándose las manos con una actitud muy seria. Me acerqué y me dijo: «Mira, estoy viejita». Acto seguido agregó: «Parece que tú te bañaste mucho». No me aguanté la carcajada ante tan ingenioso insulto. Sus dedos arrugados por el agua habían llamado su atención, pero no hizo más comentarios que ese.

Varios años más tarde, la historia se repitió. Esta vez, mi hija tenía ocho, se estaba dando un baño con espuma y, en vez de hacerme un comentario divertido, me preguntó: «¿Por qué se nos arrugan los dedos cuando estamos bajo el agua?». Quedé sorprendido. Balbuceé un intento de respuesta y le confesé que no tenía la más mínima idea, pero que lo averiguaría.

Al día siguiente llegué a mi oficina y, en lugar de trabajar en el manuscrito de un artículo científico que tenía que entregar de manera urgente, me puse a averiguar todo lo que pude sobre dedos arrugados. Me pasé, literalmente, la mañana entera leyendo artículos científicos al respecto y, para mi sorpresa, vi que había bastante investigación relacionada con este fenómeno. Eso me pareció muy interesante: la pregunta de mi hija —la misma que probablemente muchos niños y niñas han hecho a sus padres— es objeto de investigación científica seria y sistemática. Me convertí en experto en dedos arrugados y volví, victorioso, a entregar mi respuesta. Luego de la explicación (que podrán encontrar en este libro), mi hija me miró muy seria y me dijo: «Tú deberías escribir un libro sobre las cosas raras que le pasan al cuerpo». Se dio media vuelta y se fue. «¡Qué buena idea!», pensé y, efectivamente, me dediqué todo ese año a recolectar preguntas de niños. Niños de todo Chile que conocí gracias a charlas que tuve la oportunidad de dictar desde Iquique a Punta Arenas, y también otras que me hacían niños y niñas por redes sociales: ¿Por qué la noche es oscura?, ¿por qué mi caca no es tan hedionda como la de mi hermana?, ¿por qué tenemos ombligo?, ¿sienten sed los peces?, ¿por qué hay estrellas que se ven rojas?, ¿por qué los perros ladran y mueven la cola?, ¿por qué dormimos de noche?, ¿qué pasó con los dinosaurios?, ¿por qué la cebolla hace llorar?, ¿por qué nos salen lágrimas cuando tenemos pena?, ¿por qué se nos paran los pelos cuando tenemos frío? Eran preguntas para las que, en la mayoría de los casos, no tenía ni la más remota idea de su respuesta.

Las preguntas quedaron ahí, durmiendo en un archivo de mi computador llamado «Preguntas niños». Eso, hasta que una buena mañana recibí la llamada de la editora de este libro, quien me preguntó si me interesaría escribir un proyecto de ciencia para niños. Sonreí al teléfono y le dije: «Ya lo tengo». Por eso tienen este libro en sus manos.

Los niños son pequeños científicos. Su forma de aproximarse al mundo es siguiendo el método científico, usando la curiosidad como motor.

Una tarde de verano, hace unos treinta y ocho años, mientras jugaba en el jardín de mi casa, reparé en las plantas que crecían a un costado. Tenían hojas muy grandes, verdes y brillantes. Les decían Manto de Eva, y en mi cabeza de niño de cinco años, el tallo de esas plantas se me hizo muy similar al apio. Era mediodía y parece que tenía hambre... porque la mordí. Entré a la casa colorado, con la lengua hinchada y salivando profusamente: me había comido un trozo de la planta y los oxalatos de calcio —sustancia bastante irritante, que estas plantas producen en abundancia— me estaban causando serios problemas. Me llevaron a la posta y me gané un buen reto por comerme las plantas del jardín. Después de eso, les conté a mis amigos del barrio que era muy mala idea comer cierta flora.

Treinta años después caí en la cuenta de que ese había sido mi primer experimento científico: tuvo una observación (esa planta se parece al apio), una hipótesis (esa planta es comestible), un experimento (me comí la planta), un resultado (terminé intoxicado en la posta), una discusión (mi mamá me retó) y finalmente difundí los resultados de mi investigación entre mis pares (le conté a mis amigos). La curiosidad infantil fue mi mejor aliada en el camino de descubrir el mundo —eso y las herramientas del taller que había al fondo de mi casa— y, muy probablemente, cultivarla a través de la indagación fue fundamental en la elección de mi carrera.

Cuando salí del colegio, decidí estudiar bioquímica y después hice un doctorado en biología celular y molecular, lo que quiere decir que me fascinan las preguntas, sobre todo las que me hace mi hija. Hubo una época en que sus preguntas no parecían tener mucho sentido: la famosa etapa de los «¿por qué?». Es probable que, si son padres y están leyendo este libro con sus hijos, hayan experimentado esa etapa. Una sucesión de «por qué» que parecen ser inmunes a cualquier explicación. Es más, pareciera que la respuesta no es relevante. Sin embargo, después de esa etapa, viene otra en la que sí existe un genuino interés por la respuesta. Varios estudios científicos muestran que los niños eligen a quiénes creerles una explicación y prefieren las que les dan personas en quienes confían —como sus padres o profesores— incluso cuando la explicación claramente no tiene sentido o contradice lo que la propia experiencia de los niños sugiere. Eso quiere decir que creen enormemente en nosotros, lo que nos confiere una gran responsabilidad a la hora de guiarlos en el camino de descubrir el mundo. Pero muchas veces no sabemos ni siquiera por dónde comenzar. Este libro pretende ser una guía para ese camino. Una guía para niñas y niños, pero también para sus mamás y papás, que muchas veces quedan atónitos (y bastante complicados) con las preguntas de sus hijos. Y puede que en la lectura se topen con la respuesta a alguna pregunta que también se hicieron de niños y que, por diferentes razones, quedó sin resolver. Este libro no tiene todas las respuestas, pero al menos podrán encontrar una aproximación a la forma en la que los científicos intentamos contestar estas dudas.

¡Que lo disfruten!

Gabriel León

DEDOS ARRUGADOS

Me pasé la mañana entera pensando si quería armar un rompecabezas o pintar. El problema del rompecabezas era que mi mesa estaba ocupada con el último que había armado y no tenía más espacio. ¿Qué es el espacio?, me pregunté y creo que estuve casi una hora dándole vueltas al asunto, jeje. No sé por qué vivo haciéndome preguntas raras, y cuando no encuentro una respuesta, me desespero. Por suerte mi papá es científico. No un científico loco como esos de las caricaturas, ¡pero casi! Adora investigarlo todo, todo, todo, así que somos una gran dupla.

Cerca de la una me dio hambre y decidí salir de mi pieza.

—¡Papá! —dije asomándome en el pasillo.

—...

—¿Papáááá?

—...

—Lukas, ¿viste a mi papá?

Lukas es mi perro, tiene seis años y es un poodle blanco muy regalón. Me miró moviendo la cola y fuimos juntos a la sala de estar.

—¡Ajá!, aquí estás —le dije a mi papá, que leía tranquilamente un libro con música de fondo.

—¡Hola, Pachi! —me respondió con su calma habitual. Me llamo María Paz pero, ya ven, me dicen Pachi.

—¿A qué hora vamos a comer?

Se sacó los anteojos y miró la hora.

—Falta un rato todavía.

—¿En serio? Yo creo que ya es hora de comer. Hace hambre, ggrrrr —contesté gruñendo.

—Te propongo algo: anda a ducharte y yo por mientras cocino algo rico.

—Trato hecho —le dije estirando mi mano para hacer choque de puños.

Fui al baño y llené la tina. Un sábado sin tareas merecía un baño con agua tibia, espuma, burbujas, esencias, ponys, flores, challas... ¡y mucho más! Puse música y me dediqué a flotar mucho rato, hasta que de pronto...

—¡Papáááá!

—¿Qué pasa, hija? —me gritó él desde abajo.

—¿Puedes venir? —Mi tono dejó claro que, más que pregunta, era un «¡ven!».

Sentí cómo subió las escaleras de dos en dos. Cuando lo tuve enfrente puse cara de drama queen y le mostré las palmas de mis manos.

—¡Estoy toda arrugada! —le dije—. ¿Qué le pasó a mi piel?

—¡Interesante pregunta! —respondió mi papá, sentándose sobre el pisito que uso para lavarme los dientes—. ¿No te acuerdas que me preguntaste esto mismo hace algunos años?

—Para nada...

—Bueno, esa vez no pude darte una respuesta, pero ahora sí porque leí al respecto. ¿Sabías que las personas que, por alguna razón, tienen dañados los nervios que conectan los dedos con el cerebro...

—Espera, ¿eso puede pasar?

—Sí, por un accidente, por ejemplo. Como te decía, a las personas que tienen dañados los nervios que conectan los dedos con el cerebro no se les arrugan los dedos cuando dejan la mano bajo el agua.

—Okey, sigo sin entender qué me quieres decir.

—Lo que te quiero decir es que no es un efecto directo de contacto con el agua: es una respuesta que está regulada por el cerebro. Por alguna razón, nuestro cerebro se encarga de arrugar los dedos cuando percibe que la mano está un rato bajo el agua. A los cinco minutos, de hecho, ya se arrugan.

—¿Y sirve de algo que se nos arruguen los dedos?

—No está claro. Algunos científicos propusieron que puede servir para mejorar el agarre de las cosas cuando estamos mojados.

—Hmm... habría que hacer un experimento. ¡Yo me ofrezco de candidata!

—¡Ya lo hicieron, pequeña viejecilla! Hace algunos años, científicos ingleses le pidieron a un grupo de personas que traspasaran bolitas de vidrio secas de un recipiente a otro. Algunas de esas personas habían tenido la mano sumergida en agua...

—Y tenían los dedos arrugados.

—Exacto.

—¿Y qué pasó?

—Se demoraban lo mismo en traspasar las bolitas secas, con o sin dedos arrugados.

—Buuuhh, ¡qué fome!

—Espera, ¡el experimento no termina ahí! ¿Qué crees que hicieron después?

—Fácil: jugaron a las bolitas.

—Jajajá... tal vez, pero eso no fue parte del experimento. Lo que hicieron fue poner las bolitas en un recipiente con agua y nuevamente les pidieron a las personas que las traspasaran de un recipiente a otro. Adivina quiénes lo hicieron más rápido...

—¡Los que tenían los dedos arrugados!

—¡Sí!

—¿Eso quiere decir que se nos arrugan los dedos para agarrar mejor las cosas cuando están mojadas?

—La verdad es que este tipo de cosas no pasan *para* algo. Sencillamente suceden y a veces nos dan alguna ventaja. Lo que sí podemos saber es que los dedos arrugados mejoran el agarre de las cosas que están sumergidas en agua y que es una respuesta que depende del cerebro.

—¿Y da lo mismo si es agua de mar o no?

—En general, los dedos se arrugan más lento cuando estamos en agua salada.

Muy bien. La respuesta de mi papá me había dejado feliz. Ahora solo me quedaba una última duda.

—¿Y la cara también se arruga cuando uno está mucho rato bajo el agua?

—No, eso también es curioso: solo la piel de los pies y de las manos se arruga, que son las partes donde no tenemos pelos.

—Hmm, yo pensé que tal vez tú te habías lavado mucho la cara —dije con una sonrisita y me puse una bola de espuma en cada mejilla.

—¡Oye! ¿Te quieres quedar sin almuerzo? Hice lasaña.

—¡Es broma! No estás tan arrugado... todavía.

—De todas formas, intentaré no lavarme mucho la cara —dijo mi papá y me estiró una toalla para que saliera de la tina.

MOCOS

Estaba casi segura de que seguía soñando. Mi pieza daba vueltas, veía los colores muy brillantes y el Lukas tenía tres colas. Además, sentía una bola de algodón de azúcar en la nariz y me costaba respirar... Fuera de eso, todo estaba en orden. ¡Qué locos son los sueños! Justo cuando pensaba que no dormía, desperté. Aunque la bola de algodón seguía en mi nariz. ¿Desperté o no? Decidí quedarme acurrucada debajo del plumón hasta que fuera la hora de tomar desayuno.

—¡Buenos días, Pachi! ¿Cómo amaneciste? —preguntó mi papá asomando la cabeza por la puerta con su habitual buen humor de las mañanas.

—Mmmfff grttshskgaaaass.

—¿¡Que qué!?

—¡Tedgo muchos mocos y do puedo despidad bied!

—Estás resfriada —comentó acercándose hasta mi cama.

—¡Pedo si me vacuné en madzo!

—Sí, hija, pero la vacuna es contra la influenza, el resfrío es otra enfermedad.

—¿Y pod qué no me pusiedon da vacuna codtra ed desfrío?

—Porque no hay una vacuna contra el resfrío —dijo y noté que se estaba aguantando la risa que le causaba mi forma de hablar.

Me senté en la cama y me quedé mirándolo con una ceja levantada. ¿Cómo es posible que todavía los científicos no hayan hecho una vacuna contra el resfrío? El resfrío es el arruinador número uno de cumpleaños, tardes de piscina y salidas al cine, ¡ya debería existir una vacuna!

—¿Y ed desfdio también es un virus? —pregunté secándome unas lagrimitas.

—Así es, pero no hay una vacuna que proteja contra el resfrío porque existen al menos cien virus distintos que producen esa enfermedad.

¡Te podrías contagiar todos los inviernos de la vida con un virus diferente! Eso dificulta mucho la fabricación de una vacuna, porque ¿contra cuál virus la hacemos?

Eso tiene sentido. Tomé mis colets del velador y me hice un moño, pero no me quedó tirante porque me estaban fallando las fuerzas.

—¿Qué hoda es?

—Hora de desayunar. ¿No hueles el pan tostado?

—Do huedo nadaaaa, tedgo muchos mocos... Oye, nunca había pedsado edsto: ¿qué son dos mocos y pod qué me salen tandtos cuando me desfrío?

—Qué bueno que me lo preguntes. La gente en general solo habla de mocos para hacer chistes.

—Yo me sé udo muy buedo, jeje...

—Cuando te mejores me lo cuentas, ¿bueno? Los mocos son una sustancia de lo más curiosa. Si bien su principal componente es agua, contienen algunas cosas muy interesantes, que en parte explican su importancia. Los mocos son muy importantes, ¿sabías?

—Do —dije con cara de sospecha. Eso de que los mocos son importantes necesitaba una buena explicación.

—Son muy importantes —continuó mi papá— porque ayudan a lubricar y proteger aquellas membranas que están muy expuestas, como la zona interna de la nariz.

—¿Cómo adgo tan guácala puede sed útil?

—Los mocos sirven para filtrar el aire que respiramos; a ellos se adhieren partículas de polvo, bacterias y otras impurezas que es mejor que no lleguen a nuestros pulmones.

—¿Pdotegen como las madcarillas de doctor?

—Algo así. Y contienen sustancias, como las mucinas, que los hacen muy pegotes.

—¿Mucinas?

—Las mucinas son parecidas al líquido viscoso que tienen las tunas.

—¡Me edcantan das tunas! ¿Hay tunas pada el desayuno?

—Se acabaron. Bueno, como te decía, al ser pegajosos, los mocos filtran el aire que entra por nuestra nariz. También contienen lisozima, una proteína que produce el cuerpo y que mata las bacterias que pueden estar adheridas a las partículas de polvo que respiramos. Y también tienen sales, por eso los mocos son salados.

—Espeda, espeda, espeda, ¿cómo sabes tú que dos mocods son salados?

—Lo sé porque tienen sal. Y porque alguna vez me corrieron hasta la boca mientras lloraba.

—¡Papá, qué adddsco!

—Cosas que pasan. En todo caso, una encuesta que se hizo en Estados Unidos mostró que el 45 por ciento de las personas se come sus mocos de manera regular.

—¡Iiiiuuu!

—Y no solo eso: además los disfrutan.

—Eso es asquedoso. Ahoda dime: ¿pod qué cuando udo se dresfría saden más?

—Cuando estamos resfriados, la parte interna de la nariz, y de todos los conductos que llevan el aire a los pulmones, se inflaman en respuesta a la infección. Y a causa de esa inflamación, las células que producen mocos se ponen a trabajar a toda máquina para hacer más mocos que ayuden a eliminar bacterias y otras sustancias que contribuyen a la inflamación. ¿Se entiende?

—¿O sea que dos mocos sod buenos?

—¡Exactamente! Tienen una función muy importaaaa... aachúúúú...

—¡Tadbién estás dresfriado!

—Padece que sí.

—Y ahoda tu voz suena rara.

—Dí.

—¡Entonces quedémonos en cama y veamos Nedflix!

—Buedo, me padece una gran idea.

—¿Y me traes mi desayuno a la cama?

—Edtá bien. ¿Con qué quiedes tu tostada?

—Cod mocos do, pod favo.

PIEL DE EMOCIÓN

Estoy tirada en el suelo sin moverme. Solo veo mi guata que sube y baja al ritmo de mi respiración. El Lukas está echado a mi lado haciendo lo mismo que yo, o sea, nada. Hace demasiado calor. En el colegio nos explicaron que hemos contaminado tanto el planeta que el clima ha cambiado. Por eso ahora hace calor en meses en los que antes hacía frío, hace frío en meses de calor, llueve en lugares que eran secos y... viceversa.

Mientras pensaba en esto, mi papá dio dos golpes a mi puerta y luego entró.

—Papááá, hace mucho calor.

—¿Tú crees? —respondió acercando su cabeza al ventilador que tenía a mi lado. Se le despeinaron los rulos y me dio risa.

—Sí, además ni siquiera corre viento.

—Tengo una idea.

Mi papá fue al clóset, sacó algunas cosas y me miró.

—Ya, ponte traje de baño y bloqueador, nos vamos a la piscina.

—¡Yeeeeiii!

En un bolso echamos las toallas, protector solar, dos botellas con agua y algo de fruta. Nos subimos al auto y mi papá manejó hasta que llegamos a una gran piscina. Claro que no éramos los únicos que teníamos calor: ¡estaba llenísimo!

Corrí a reservar un lugar para los dos en el pasto y me saqué la ropa.

—¡Voy al agua! —le grité y me tiré una bombita en el único centímetro cúbico de agua que encontré libre.

Me hice amiga de otros niños, jugamos y lo pasamos bien mucho rato. Después me dio hambre, así que me salí de la piscina para ir a comer algo. Justo en ese momento comenzó a correr viento, ¡qué fríííío! Me sequé con mi toalla de unicornios y me tiré el en pasto mirando a mi papá, que estaba leyendo.

—Papá, ¿por qué me dio frío si hace tanto calor? —le pregunté sacando un plátano de la mochila.

—Es por el agua, Pachi. En general el viento ayuda a que nos sintamos más frescos, pero cuando estamos mojados y nos llega viento, sentimos mucho, mucho más frío. Incluso si hace calor, como ahora.

—¿Y por qué se pone la piel de gallina?

—Hmm... eso también es interesante, y se remonta a nuestros ancestros.

—¿Ancestros? ¿Cómo la bisabuela?

—Sí, aunque me refiero a los ancestros que dieron origen a los humanos.

—No entiendo —dije y me di cuenta de que me estaban castañeando los dientes. Puse mi toalla en dirección al sol, sin dejar de escuchar a mi papá.

—Los seres humanos no aparecieron por arte de magia en el planeta: descienden de otras formas de vida que lentamente han cambiado hasta originar nuestra especie.

—¿Eso es evolución?

—¡Exactamente! Nuestros ancestros, por ejemplo, eran muy peludos...

—¿Como tú?

—Más peludos. Estábamos completamente cubiertos de pelo. Uno de los problemas de tener tanto pelo es que cuando, se moja, cuesta más sacarse la humedad de la piel. Es como meterse a la tina con ropa.

—¿Por eso el traje de baño da frío? Cuando me salgo del agua, el traje de baño se siente muy helado.

—Algo así. La cosa es que para nuestros ancestros peludos el pelo mojado era un problema. Cuando se mojaban, pequeños músculos alrededor de cada pelo se contraían y hacían que estos se pararan, generando una capa de aire entre los pelos, la que actuaba como aislante. De esa forma se preservaba mejor el calor y el pelo se secaba más rápido.

—Pero ya no tenemos pelo. Bueno, tú sí. ¿De qué sirve eso ahora?

—No de mucho. Pero si te fijas, la respuesta de esos músculos sigue siendo la misma. Mírate el brazo.

Miré y vi que tenía la piel de gallina.

—Mmhh, pero hay algo raro.

—¿Qué cosa?

—Que a veces la piel se me pone así cuando no tengo frío.

—Es porque pasa lo mismo cuando nos emocionamos o asustamos. ¿Te referías a eso?

—Sí. ¿Eso también les pasaba a nuestros ancestros?

—También. Y les pasa a otros animales: cuando se enfrentan a un peligro, producen una sustancia llamada adrenalina, que los prepara para que puedan defenderse o huir. Esto también activa los pequeños músculos que rodean los pelos del cuerpo, haciendo que se paren.

—¿Es para que los otros animales piensen que tienen frío?

—Lo que se cree es que ayuda a que animales pequeños se vean un poquito más grandes y más intimidantes, lo que podría ayudar a espantar a los enemigos.

—¡Qué bacán! Como la gata de la Sofi. El otro día vio a un perro y se puso así, con la espalda curva y los pelos parados.

—¿Viste? Solo estaba respondiendo ante el peligro.

—Okey, primera explicación aprobada. Pero ¿por qué pasa lo mismo cuando nos emocionamos? ¿Es peligroso emocionarse?

Mi papá dio un mordisco a un durazno y soltó una risa. Quizás el durazno también se emocionaba y tenía los pelitos parados.

—No es malo, para nada. Lo que pasa es que la adrenalina no solo actúa en situaciones de peligro, sino también cuando experimentamos sentimientos fuertes, como emoción o rabia. Algunas personas se emocionan con la música, la pintura o cuando escuchan alguna historia que les ha impactado. ¿Qué te pareció esta explicación?

—¡Se me pararon los pelos! ¿Vamos al agua?

—¡El último en tirarse es una gallina!

COSQUILLAS

Con mi papá tenemos una guerra secreta. De vez en cuando, en el momento menos pensado, viene ¡el ataque de las cosquillas! A veces la guerra de cosquillas empieza cuando estamos viendo alguna película en la casa o cuando vamos caminando por la calle. Y los ataques sorpresa son mi especialidad.

—¡Ataque de cosquillas! —grité y me tiré como una ninja encima de mi papá, que estaba muy distraído leyendo el diario en su sillón.

—Gjshksdk, ¡contraataque! —gritó él, y en una maniobra maestra me tomó de un brazo y me dejó doblada sobre la alfombra como un chanchito de tierra, sin poder parar de reír.

Me levanté roja, con el pelo todo revuelto e inicié otro contraataque, pero él no se rindió, así que terminamos los dos en el suelo, ahogados con las carcajadas y pidiendo tregua.

—Papá, esto fue un empate —dije, respirando apenas.

—¿¡Qué!? ¡Ni hablar! Yo te hice muchas más cosquillas.

—Pero tú reíste mucho más.

—Hmm, puede ser.

—¿Y por qué nos reímos cuando nos hacen cosquillas?

—Buena pregunta, pequeña hiena —dijo y me indicó con el dedo el desorden que habíamos dejado.

Ordenamos los cojines que habían quedado tirados y nos sentamos en el sofá a hablar de las cosquillas.

—Los científicos que estudian el cerebro han descubierto cosas muy interesantes sobre las cosquillas.

—¿Como qué?

—Hace muuucho tiempo, unos sicólogos describieron dos tipos distintos de cosquillas. A una le pusieron knismesis, que es la sensación que se produce, por ejemplo, cuando te rozan la piel con un pelo o cuando te pasas los dedos suavemente por la nuca.

—Sí, eso se siente raro. O sea, es rico, pero pica. Como que da bbrrrr...

—Tal cual. De hecho, la knismesis no produce risa, sino que una sensación agradable seguida por picor. Un insecto caminando sobre tu piel también la produce y por eso el impulso es rascarse, lo que nos ayuda a librarnos del insecto.

—Pero eso no es lo que se siente en la guerra de cosquillas.

—Claro, ese es el segundo tipo de cosquilla, que se llama gargalesis.

—¿Gargaqué?

—Gargalesis. Esa es la palabra griega para cosquillas.

—¿Y por qué esa gargacomosediga sí que nos provoca ataque de risa?

—No está del todo claro. Lo que se sabe es que las cosquillas activan varias partes del cerebro. Científicos alemanes analizaron la respuesta cerebral de las personas cuando les contaban chistes y cuando les hacían cosquillas.

—¿En serio hicieron eso?

—Sí, y descubrieron que en ambos casos se activa la misma zona del cerebro, que está relacionada con la risa.

—Pero la risa de un chiste es diferente a la risa de las cosquillas. Yo me río recreos enteros con los chistes que me cuenta la Sofi, pero la risa de las cosquillas es rara. Después de un rato ya no se disfruta.

—Así es. Los mismos científicos alemanes descubrieron que cuando a alguien le hacen cosquillas además se activa otra zona del cerebro, la misma que se activa cuando hay que huir de algún peligro.

—Conclusión: las cosquillas son peligrosas, así que no me hagas más.

—¡Olvídalo! De mis cosquillas no te libras. Lo que pasa es que, si las cosquillas duran mucho rato, se relacionan con el peligro. Se cree que se trata de un mecanismo de defensa, algo así como rendirse frente a un enemigo que es muy grande o fuerte.

—¿Y por qué no me puedo hacer cosquillas yo misma?

—Hmm... Haces buenas preguntas, ¿sabías?

—Claro, es mi talento.

—Bueno: una neurobióloga inglesa relacionó eso que me preguntas con una zona del cerebro, llamada cerebelo.

—La miss Loreto dijo que el cerebelo tiene algo que ver con los movimientos del cuerpo, o algo así.

—Exactamente. Lo que se cree es que el cerebelo puede predecir ciertas sensaciones en base a los movimientos del cuerpo, y cuando te haces cosquillas a ti misma, el cerebelo hace que las partes del cerebro conectadas con la percepción de las cosquillas funcionen menos. Es como un freno a las cosquillas.

—Ahhh, ¿y tu cerebelo puede predecir un... ¡ataque de cosquillas!? —dije poniendo mi cara de sospecha y lanzándome sobre mi papá con mis diez dedos listos para la acción.

Jamás permito que una guerra termine en empate.

¡QUÉ ASCO!

Me gustan las películas viejas. Los clásicos como *Volver al futuro*, donde un científico inventa una máquina del tiempo y mandan a su amigo al pasado. Mi papá me dice que la vio en el cine (chiiiiuu) y que también tenemos que ver *Indiana Jones*. Pero mi favorita por lejos es *Star Wars*. Bueno, estábamos viendo por décima vez *Volver al futuro* cuando de pronto IIIIUUUU, la pieza se llenó de un olor pésimo.

—¡¡Papá!!

—¿Qué?

—¡Te tiraste un peo!

—No, yo no fui.

—Ah, ¿entonces quién fue? ¿El Lukas acaso?

Lukas estaba echado a los pies de la cama, con los ojos entrecerrados y casi dormido.

—Yo no fui. Si tampoco fuiste tú, entonces fue el Lukas —aseguró mi papá.

—Yo no fui porque este olor es as-que-ro-so y yo no soy ninguna hedionda.

—¡Loquilla! ¿Sabías que la mayor parte de las personas no considera que sus olores corporales sean asquerosos?

—¿Quién te dijo eso? —pregunté parándome para abrir la ventana con la manga del pijama puesta en mi nariz.

—Lo sé porque hay científicos que estudian el asco.

—¿En serio? —dije, levantando una ceja.

—En serio, y han descubierto cosas muy entretenidas. Por ejemplo, que la mayoría de las cosas que encontramos asquerosas en la comida son aprendidas culturalmente. Como la idea de comer insectos.

—¿Insectos?, ¡guácala!

—Este dato te va a gustar: hicieron un experimento en el que a diferentes personas les ofrecían chocolates deliciosos en forma de caca de perro. ¡Y los rechazaban!

—¡Qué asco! De algo servirá sentir asco, ¿no?

—Algunos investigadores piensan que la sensación de asco hacia ciertos olores o hacia la caca puede ayudarnos a evitar enfermedades.

—¿Y los peos son peligrosos?

—No, solo es gas...

—¿Y de dónde viene ese gas?

—Ese gas se produce cuando la comida que ya ha pasado por el estómago y el intestino delgado llega al intestino grueso. En el intestino grueso hay una enorme cantidad de bacterias...

—¿Y por qué no me enfermo con esas bacterias?

—Porque no todas las bacterias producen enfermedades. Algunas, de hecho, son súper necesarias para mantenerse saludable. Como las que viven en el intestino.

—Pero ¿qué tienen que ver las bacterias con los peos? Digo, con el gas...

—Resulta que cuando lo que has comido llega al intestino grueso, los nutrientes que quedan sirven de alimento para las bacterias que viven ahí. Cuando las bacterias del intestino se alimentan producen varios tipos de gas, como hidrógeno, metano y sulfuro de hidrógeno. También algunas moléculas muy hediondas, como indol, escatol y tioles. Toda esa mezcla de gases hediondos sale de tu cuerpo en forma de pprrr... peo.

—¿Y qué pasa si me los aguanto?

—Los gases pueden cruzar el intestino y eventualmente llegar a los pulmones, donde luego son eliminados.

—¡¿O sea que los chanchos son peos que me aguanté?! —dije parándome con mis pantuflas para saltar sobre la cama.

—Ey, ey, ¡no me desordenes la cama! —dijo mi papá mirándome por sobre los anteojos.

—¡Responde mi pregunta! —pedí, rebotando sobre el colchón.

—¡No! Los eructos no son peos que te aguantaste, son sencillamente aire que entra por la boca cuando comemos y que en algunos casos puede causar molestias. Por eso a las guaguas hay que «sacarles los chanchitos» dándoles palmaditas en la espalda. Como no saben eliminar ese aire solas, a veces les produce malestar.

—¿Y los dinosaurios se tiraban peos?

—Los científicos creen que los dinosaurios eran una verdadera fábrica de gas, particularmente de metano.

—¿Y las arañas?

—Nadie lo sabe con certeza, aunque podría ser.

—¿O sea que todos los animales se tiran peos?

—No, las aves definitivamente no lo hacen. No tienen las bacterias que producen gas, y su digestión es tan rápida que de todas maneras no habría tiempo para que el gas se forme.

—Bueno, al Lukas no le veo plumas ni pico, así que supongo que se puede tirar peos.

—¡Definitivamente!

Mi papá y yo nos quedamos mirando a nuestro perro con los ojos entrecerrados. Él seguía feliz, adormilado a los pies de la cama. Seguro que era de esos que no encuentran malo su propio olor.

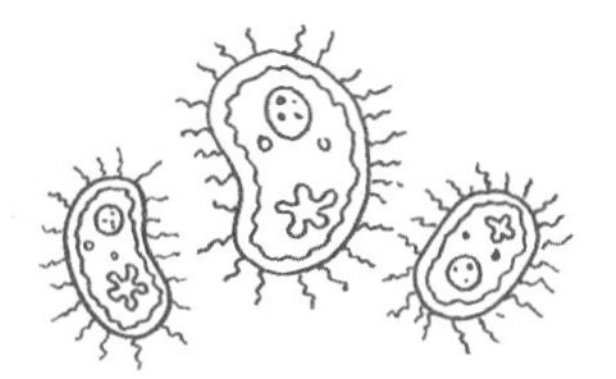

¡HIP!

En medio de la clase de lenguaje me vino un hipo furioso. Llevaba cinco minutos así —lo sabía porque miré la hora cuando comenzó— y grrr, me tenía desesperada. ¡No se puede hablar ni pensar bien cuando tu propio cuerpo te interrumpe a cada rato!

Apenas sonó el timbre arreglé mis cosas y corrí a la salida con la esperanza de que mi papá hubiese llegado temprano a buscarme. Por suerte ahí estaba, con su pelo revuelto mirando la nada a través de sus anteojos.

—¡Hola, Pachi!, ¿cómo lo pasaste hoy?

—Bien, pero ten... ¡hip! ...go hipo.

—Ya veo. ¿Y estás hace mucho rato así?

—Creo que llevo diez minu... ¡hip! ...tos con hipo. Eso es mu... ¡hip! cho rato, ¿o no?

—Depende. Una persona en Estados Unidos tiene el récord mundial por haber estado más rato con hipo.

—¿Cuánto rato estu... ¡hip! ...vo con hipo?

—¡Sesenta y ocho años!

—¡¿Queéé ...hip... ééé?!

—Tal cual. El pobre señor se llamaba Charles Osborne y estuvo con hipo desde 1922 hasta 1990. Al principio tenía cuarenta hipos por minuto, pero después bajó a solo veinte veces por minuto. Se calcula que hizo ¡hip! unas 430 millones de veces.

—Pobre, ¡hip!, señor. ¿Y por qué le, ¡hip!, pasó eso?

—Nadie lo sabe. De hecho, nadie sabe por qué da hipo.

—Pero ¿qué es, ¡hip!, el hipo?

—Hmm, a ver... Cuando uno respira, un músculo muy importante llamado diafragma se contrae para que el aire entre a tus pulmones. A veces el diafragma se contrae muy rápido, hartas veces y de manera involuntaria, lo que hace que el aire también entre muy rápido a tus pulmones.

Cuando ese aire pasa por tus cuerdas vocales se produce el «hiiip», ese sonido característico del hipo y que tú estás haciendo tan afinadamente ahora.

—¡Hip! ¡Pesado! Ya, pero ¿qué hace que al, ¡hiiip!, diafragma le pase eso?

—Nadie sabe. Podrían ser muchas las causas: comer cierto tipo de cosas —como comida muy picante o bebidas con gas— o comer muy rápido, pero no está claro qué provoca el hipo. También puede pasar que, cuando el hipo dura mucho...

—¿Cuánto, ¡hip!, es mucho?

—Más de dos días. A veces, cuando el hipo dura demasiado, podría ser señal de alguna enfermedad. Por ejemplo, en Inglaterra, un señor tuvo un cuadro de hipo muy molesto, y hacia ¡hip! cada dos segundos, doce horas al día. No podía comer ni dormir.

—¡Pobre señor! ¿Supieron, ¡hip!, por qué le pasó eso?

—Sí, los médicos descubrieron que tenía un problema en el cerebro y lo operaron.

—¿Y se le pasó, ¡hip!, el hipo?

—Sí, se le pasó el hipo después de la operación.

—¿Y si me aguan... ¡hip! ...to la respiración se me pasa el, ¡hip!, hipo?

—Parece que ningún «remedio casero» funciona.

—¡Pero yo he escuchado que un susto o aguantar la respiración sirve para que se pase el hipo! ¡Oh, parece que se me pas, ¡hip!... ¡Rayooosss!

—Pucha, todavía no se te pasa. La verdad es que el hipo se pasa solo. A veces coincide que la gente está haciendo algo para que se le pase y justo se le pasa. Por eso hay tanta creencia en los remedios caseros.

—¡Parece que ahora sí se me pasó!

—¿Se te pasó el hipo?

—¡Hip!

—Tengo una idea. Tomémonos un helado.

—¿Y eso sirve, ¡hip!, para el hipo?

—Lo dudo mucho, pero la tarde está ideal para un helado.

—Es verdad. Oh, parece que ahora sí se me pasó el hipo. ¡Interesante, solo el hecho de pensar en tomar un helado hizo que se me pasara!

—Ahí tienes otro remedio casero para la lista.

LOS COLORES DE LA PIEL

—¡Papááá!, ¿puedes venir?

—¿Qué pasa, hija?

—¿Por qué las personas que aparecen en esta foto son tan tan tan diferentes?

—¿Diferentes es qué sentido?

—Míralas la piel. ¿Por qué hay personas con colores de piel tan distintos?

—¡Interesante observación! Todos los humanos tenemos la sangre roja y los huesos blancos, pero el color de piel varía. Las hay muy oscuras, casi negras, y también muy rosadas, casi blancas.

—Y eso, ¿por qué pasó? —dije pasando mis dedos por sobre la fotografía y pensando que era lamentable no poder ver también sus huesos y venas.

MUY
INTERESANTE

—Es una historia muy bonita y se remonta, ¡adivina!, a nuestros ancestros. Y también a dos moléculas: la melanina, que es abundante en las personas de piel oscura, y la feomelanina, que abunda en las pieles más claras.

—O sea que tiene que ver con la evolución.

—¡Bingo!

Me senté en el suelo con las piernas cruzadas y el Lukas llegó rápidamente a echarse a mi lado.

—Los ancestros de los seres humanos eran, como ya sabes, peludos. En esa época, hace unos tres millones de años, no había seres humanos como los modernos.

—¿Y entonces?

—Es muy probable que hayan existido animales parecidos a los chimpancés y que dieron origen tanto a los seres humanos como a los chimpancés, pero eso fue mucho después.

—¿Y eran todos peludos? Como tú, jiji... —agregué en voz baja.

—¡Veo que te gusta ese chiste! —dijo mi papá y se arregló los anteojos—. En fin, sí. Todos. De hecho, hay muy pocos mamíferos que tienen tan poco pelo como nosotros, fíjate. Los elefantes y las ballenas son de los pocos ejemplos.

—¡Oye!, las ballenas no tienen pelos.

—Sí tienen, pero en pocas partes y casi no se ve.

—¿Y cómo perdimos el pelo?

—No está del todo claro. Lo que se sabe es que hace unos tres millones de años, cuando nuestros ancestros comenzaron a salir de la jungla hacia tierras más abiertas, fueron lentamente perdiendo el pelo. Nadie sabe bien qué ventaja tendría perder el pelo, pero los científicos tienen un par de ideas que parecen bastante buenas. La primera es que perder el pelo les habría ayudado a nuestros ancestros a que su cuerpo no se calentara tanto cuando se movían a pleno sol. Otros científicos creen que podría tener que ver con los parásitos y otros bichos que viven felices en una piel peluda. Perder el pelo habría evitado que nos llenáramos de bichos...

—Mmhhh, pero ¿qué tiene que ver eso con el color de la piel?

—¡Para allá voy, pequeña preguntona! Resulta que cuando nuestros ancestros perdieron el pelo, su piel, que era clara, quedó expuesta a los rayos de sol. Y los rayos del sol contienen un tipo especial de luz llamada ultravioleta, que puede ser muy dañina.

—¡La conozco! ¿La luz ultravioleta tiene algo que ver con los diferentes colores de piel?

—Eso fue justamente lo que se le ocurrió a una investigadora llamada Nina Jablonski. Ella hizo un mapa del mundo que mostraba dónde llegaban más rayos ultravioleta.

—¿Y qué descubrió?

—Descubrió que las zonas cerca de la línea de Ecuador, particularmente África y las altas cumbres del Himalaya, eran las zonas donde llegaban más rayos ultravioleta. Por el contrario, hacia los polos no llegaban muchos. Después, hizo otro mapa que mostraba el color de la piel de las personas que vivían ahí. Así descubrió que efectivamente las personas de piel más oscura viven en las zonas del mundo que reciben más rayos ultravioleta.

—¿Y la piel más oscura resiste mejor esos rayos?

—Bueno, esa es otra parte de la historia. Una piel más oscura —y que por lo tanto tiene más melanina— nos podría ayudar a proteger algunas moléculas importantes que viajan en la sangre, como la vitamina B9. Si una piel muy clara se expone a los rayos ultravioleta, esa vitamina se destruye fácilmente.

—¿Y esa vitamina es muy importante?

—Sí, sobre todo cuando las mujeres están embarazadas.

—Pero hay algo que no entiendo. Dijiste que al principio nuestros ancestros tenían la piel clara, pero que después tenían la piel oscura. Entonces, ¿por qué entonces hay gente con la piel clara?

—Muy buena pregunta. Resulta que cuando aparecieron los humanos modernos...

—¿Esos son los *Homo sapiens*?

—Exactamente. Cuando los humanos modernos aparecieron en África, teníamos la piel oscura. Pero hace unos doscientos mil años comenzaron a viajar lentamente hacia el norte, hacia Europa. En Europa llega menos radiación ultravioleta, así que tener la piel oscura ya no era una ventaja. De hecho, se convirtió en un problema.

—¿Por qué?

—Porque hay otra vitamina, la vitamina D, que requiere rayos ultravioleta para ser fabricada en el cuerpo. ¿Ves cuál es el problema?

—Mmhhh, no estoy segura —dije entrecerrando los ojos y lancé mi hipótesis—. Si la piel oscura interfiere con los rayos ultravioleta, podría hacer más difícil fabricar vitamina D, ¿o no?

—¡Eso es lo que los científicos creen! Por lo tanto, cuando los humanos de piel más oscura comenzaron a migrar hacia zonas donde no llegan tantos rayos ultravioleta, les costó mucho fabricar vitamina D. Esa vitamina también es muy importante y por lo tanto a quienes tenían piel muy oscura no les favorecía. De esa forma, lentamente comenzó a haber más gente con piel clara, que era la que podía fabricar mejor vitamina D en zonas donde había pocos rayos ultravioleta.

Me quedé pensando un rato mientras acariciaba al Lukas y luego miré a mi papá.

—Entonces, ¿por qué hay personas a las que les importa tanto el color de la piel?

—Porque probablemente no saben esta historia. Si supieran el origen de nuestra especie se darían cuenta de que no tiene nada de especial el color de la piel. Es algo que nos hace diferentes, pero solo en la superficie.

—Claro, porque al final somos todos *Homo sapiens*.

El Lukas me miró y ladró dos veces.

—Sí, Lukas. Todos menos tú, que eres un perrito peludo.

NOMBRES RAROS PARA COSAS RARAS

Las mañanas de domingo son para hacer deporte al aire libre (bueno, a veces también para quedarse en pijama viendo películas). En mi barrio cierran algunas calles, así que podemos patinar, andar en bici o correr con nuestros perros sin temor de que nos atropellen.

Estuvimos casi una hora andando en scooter con mi papá hasta que ya no pude más y nos volvimos a la casa.

—Papá, quiero mucha agua con mucho hielo —dije, con cara de agotada.

—Toma, Pachi —dijo mi papá, pasándome en las manos mi sueño hecho realidad—. Pero no te lo vayas a tomar muy ráp...

—¡Ay!, ¡mi cabezaaaa!

—¡No te la vayas a tomar muy rápido que te puede doler la cabeza!

—¡Auchi, papá! El otro día me pasó lo mismo comiendo helado. ¿Por qué duele? ¿Tendré algún problema en el cerebro?

—No tienes ningún problema ahí —respondió dándome unos golpecitos en la frente—. Este fenómeno está estudiado y tiene un nombre muy complicado y bonito: ganglioneuralgia esfenopalatina.

—OKEY!, creo que prefiero decirle dolor de cabeza por tomar agua muy fría. ¿Por qué pasa?

—Se cree que tiene que ver con el brusco cambio de temperatura, que hace que las pequeñas venas que pasan cerca de la parte interna del paladar se contraigan muy rápido. Ese estímulo activaría a un nervio que pasa por varias partes de la cara y que se llama trigémino.

—¿Le puede pasar a los animales?

—Nosotros somos animales.

—Me refiero a animales como el Lukas.

—Sí, también les puede pasar.

—Me gustó eso del nombre complicado. ¿Conoces otra cosa que tenga un nombre así de raro?

—Sí, este te va a encantar: síndrome helio-oftálmico de estornudos compulsivos.

—Jajajá... ¿Y eso qué es?

—Es algo que les ocurre a algunas personas que estornudan una vez tras otra cuando se exponen a cambios de luz repentinos.

—*Freak*!

—También hay personas que estornudan cuando comen mucho...

—¿En serio?

—Sí, aparentemente es algo que ocurre cuando se les llena el estómago.

—O sea que puede servirles como una alerta para no seguir comiendo. Muy práctico. ¿Me das más agua?

—¿Con harto hielo?

—Mmhhh, mejor así nomás. No quiero tener otras de esas cosas de nombre tan raro.

HERIDAS DE PAPEL

—¿Pachi, estas ahí?

Mi papá entró a mi pieza esquivando la pila de juguetes, ropa y libros repartidos por el suelo. Lukas dormía feliz junto a los legos de Star Wars.

—¡Aquí, soldado! —dije, asomándome desde debajo del escritorio.

—¿Se puede saber qué le pasó a tu pieza?

Me levanté y me sacudí la ropa. Lukas abrió los ojos y se fue rápidamente a parar a mi lado, pensando que lo estaba llamando para salir a pasear.

—No encontraba mis tijeras y decidí ordenar un poco mientras las buscaba —dije sonriendo como el burrito de Shrek.

—¿Y las encontraste?

—No, y ahora está más desordenado que antes.

—Vamos, te ayudo a ordenar —ofreció mi papá, al tiempo que se sentaba en el suelo para

STARWARS

clasificar una montaña de dibujos que estaban desparramados.

—Tienes que decidir si vas a conservar todos estos dibujos, algunos son de cuando tenías tres o cuatro años —dijo, mientras me entregaba un montón de obras de arte de mi etapa neoimpresionista. Mientras los estudiaba para decidir si los guardaba o no, me pasó algo rarísimo.

—¡Auch!

—¿Qué te pasó?

—¡Me corté con papel! Duele, duele, dueeele.

—Típico.

—¡Pero, papá, si es solo papel!

—¡Ya ves! El papel, si se mueve con suficiente velocidad, puede actuar como un cuchillo.

—¿Y por qué duele tanto? —pregunté soplándome el dedo.

—Mmhhh, diría que por dos razones: la primera es que, si examinamos el borde del papel con detención, veremos que, más que un cuchillo, parece una sierra. Los bordes del papel no son perfectos y por lo tanto hacen cortes irregulares en la piel. Esto daña mucho más que un corte con un cuchillo. Además, los cortes con papel por lo general no son muy profundos. Eso quiere decir que no sangran tanto y por lo mismo no se activan los mecanismos de reparación de heridas que normalmente nos ayudan a sanar cuando nos cortamos. A eso hay que sumarle que, como usamos mucho las manos, esas heridas pequeñas tienden a abrirse a cada rato y cuesta más que sanen. Finalmente, la punta de los dedos, que fue donde te cortaste, tienen muchas más terminaciones nerviosas que perciben estímulos dolorosos.

—Hablas muy bonito, pa. ¿Pero de qué sirve eso?

—Resulta que los dedos —y particularmente las yemas— son una forma que tenemos de explorar el mundo. Si no fueran tan sensibles, nos costaría mucho más no solo manipular cosas pequeñas, sino que también darnos cuenta si nos dañamos.

—¿Y las otras partes del cuerpo no tienen tantos receptores de dolor?

Mi papá tomó un clip metálico que estaba en mi escritorio. Hmm esto se iba a poner interesante.

—Tápate los ojos —dijo, y me pinchó una pierna—. ¿Cuantos pinchazos sientes?

Cerré los ojos y me concentré lo más que pude.

—Uno.

—¿Segura?

—Segurísima segurona.

—Ahora pásame tu mano.

Mi papá me pinchó esta vez la punta del dedo índice.

—¿Cuántos pinchazos sientes?

—Dos.

—Okey, ahora abre los ojos. Te pinché con esto las dos veces.

Mi papá me entregó un clip que había estirado y luego doblado hasta formar una U muy larga que tenía las dos puntas un poquito separadas. Tomé el clip y me pinché yo misma en la pierna y el dedo.

—¡Guuauu! ¡Solo siento una punta en la pierna, en cambio en las yemas se sienten las dos!

—¡Así es! Eso pasa porque en las puntas de los dedos hay muchas más terminaciones nerviosas, lo que te ayuda a percibir mejor la forma del objeto que estaba usando para pincharte.

Me quedé pensando un rato mientras seguía examinando el clip.

—Vas a tener que terminar de ordenar tú, porque yo no puedo seguir con este dedo lesionado—le dije a mi papá, sonriendo con todos los dientes.

—No te preocupes, seguro que un parche curita de Star Wars lo soluciona todo.

¡Rayos, usó mi punto débil! No lo pensé dos veces y corrí hasta el botiquín de su pieza para sacar los parches.

—¡Usaré la fuerza! —dije con mi voz de película mientras levantaba mi dedo con el parche de R2D2.

ALARMA DE SUEÑO

Son las nueve y media de la noche y debería estar acostada hace rato, pero como estamos en vacaciones de verano puedo quedarme hasta más tarde armando rompecabezas con mi papá. Estábamos haciendo uno que nos volvía locos, porque tenía como dos metros de cielo y era muy difícil encontrar las piezas. De pronto me bajó un sueño pesado y se me escapó un bostezo de hipopótamo.

—Creo que tengo sueño —dije, innecesariamente.

—¡Hora de acostarse, perezoso! —gruñó mi papá, levantándose de un salto de la alfombra.

—Sí, estoy muy [bostezo] cansada... ¿Por qué bostezamos cuando tenemos sueño?

—¿Alcanzas a escuchar una historia o te quedarás dormida?

—¡Alcanzo! —dije, intentando parecer despierta.

—Bien. Hace 2.400 años, un gran médico griego llamado Hipócrates creía que los bostezos servían para enfriar el cerebro. De hecho, es una idea que hasta el día de hoy cuenta con apoyo. Sin embargo, no está para nada claro y los bostezos son una de las acciones espontáneas más misteriosas que existen.

—¿Pero sí es cierto que uno [bostezo] bosteza más cuando está aburrido o cansado?

—Si bien relacionamos los bostezos con el aburrimiento o el cansancio, algunos estudios sugieren que la relación es más compleja.

—¿Se hacen estudios sobre los bostezos? Deben ser aburridos —dije sonriendo por mi ingeniosa broma.

—Bueno, hace muchos años los sicólogos que estudiaban los bostezos descubrieron que, en general, las personas bostezaban más cuando se sentían más cansadas, independiente de cuánto hubieran dormido la noche anterior. Eso quiere decir que, aunque durmamos bien y mucho, si nos sentimos cansados, bostezamos más.

—Yo he visto al Lukas bostezar... ¿Todos los animales bostezan?

Di un bostezo largo y mi papá también bostezó.

—Aparentemente todos los animales vertebrados bostezan. Y como puedes ver, a veces los bostezos son contagiosos.

—Sí, eso es muy divertido. ¿Por qué se contagian los bostezos?

—No está del todo claro, pero hay cosas muy entretenidas sobre el contagio de bostezos. Por ejemplo, si bien todos los animales vertebrados parecen bostezar, el contagio de bostezos solo ocurre entre los humanos y en los chimpancés. Algunos científicos creen que esto es una respuesta social.

—¿Cómo es eso?

—En varios estudios se ha mostrado que las personas tienden a contagiarse de manera más frecuente los bostezos de familiares o amigos que de gente desconocida. Lo más divertido es que pasa lo mismo con los chimpancés: si les muestras un video de otros chimpancés de su mismo grupo bostezando, bostezarán con mayor frecuencia que si les muestras un video de chimpancés bostezando que no pertenecen a su grupo.

—Hmm... ¡un misterio a la altura de Sherlock Holmes!

—Así es, no está para nada claro, pero se cree que podría ser parte de una respuesta de empatía y de socialización. Una forma de comunicación no verbal que apareció durante la evolución, pero que entendemos muy poco. Es interesante también que incluso bostezamos antes de nacer, pero solo lo hacemos en respuesta al bostezo de alguien más desde los cuatro años, más o menos.

—¿Y hay otras cosas que hagan bostezar?

—Claro. De hecho, solo leer un texto que habla sobre bostezos hace que la gente comience a bostezar.

—¿Y tú crees que si escribes esta historia, la gente va a bostezar cuando la lea?

—Es muy probable...

—¿Y será porque están aburridos?

—Si sales tú en la historia, nadie se aburrirá —dijo mi papá levantando las cejas—. Ahora, ¡a dormir!

SANGRE AZUL

Había salido al jardín y de pronto una pregunta muy importante (aunque obvia) se me vino a la cabeza. Mi papá siempre me dice que no hay preguntas tontas, así que corrí a buscarlo. Lo pillé en la cocina preparando mi desayuno favorito: huevos revueltos ¡ñami!

—Papá, ¿de qué color es la sangre? —dije, respirando agitada.

—La sangre es roja, ¿por qué me lo preguntas?

—Es que yo estaba segura de que la sangre es roja, pero el otro día escuché que alguien hablaba de las «personas de sangre azul» y... me quedé con la duda de si no hay una categoría de humanos con otra sangre o algo así. Porque además las venas sí se ven medias azules. O verdes.

—¡Hermosas preguntas a la hora del desayuno! La verdad es que la sangre es una mezcla de varias cosas, entre ellas, unas células especiales llamadas glóbulos rojos. Los glóbulos rojos le dan el color a la sangre y, como lo indica su nombre, son rojos.

—¿Y por qué los glóbulos rojos son rojos?

—Mira: los glóbulos rojos transportan oxígeno, y el oxígeno se mueve en los glóbulos rojos unido a una molécula llamada hemoglobina, que tiene hierro y que es de un color rojo muy brillante cuando el oxígeno está presente y de color rojo más oscuro cuando no hay oxígeno.

—Entendido. Pero ¿por qué las venas se ven de este color? —le pregunté a mi papá mostrándole la parte interna de mi brazo, en donde se veían varias venas de un color verde-azulado.

—Resulta que la luz que nos llega del sol se llama luz blanca, pero es una mezcla de luz de diferentes colores, desde el violeta al rojo, pasando por el índigo, azul, verde, amarillo y anaranjado.

—Me acuerdo que una vez fuimos al Planetario y había un experimento con un disco de colores, que al hacerlo girar muy rápido se veía blanco.

—¡Claro! Ese experimento muestra como la luz blanca es la suma de esos colores.

—Oye, pero nos estamos desviando mucho de mi pregunta ¿por qué las venas del brazo no se ven rojas?

—Vamos por partes. Las plantas se ven verdes porque absorben casi toda la luz del sol, menos la verde ¡Eso es lo que nuestros ojos ven: la luz reflejada por una cosa! Si usamos luz roja para iluminar un brazo, las venas aparecerán negras en un fondo rojo. Eso, porque la piel refleja mucha de la luz roja, pero las venas la absorben muy bien. Si se usa luz azul para iluminar un brazo, el resultado cambiará: la luz azul será reflejada de vuelta por la piel, pero también por la sangre, por lo que todo se verá azul.

Me quedé pensando un rato mientras me miraba el brazo, tratando de entender todo lo que mi papá me acababa de explicar.

—Pero ¿qué pasa con la luz que llega del sol?

—Bueno, en ese caso tienes la mezcla de colores. La piel reflejará de manera más o menos pareja todos los colores y se verá como luz blanca. Sin embargo, como la sangre absorbe casi todos los colores excepto el azul, las venas se verán de ese color, ya que las venas lo reflejarán de vuelta.

—Mhh, entiendo. Pero volvamos al inicio, ¿por qué se dice que hay gente que tiene sangre azul?

—Lo que ocurre es que antiguamente los reyes, príncipes y la nobleza en general, pasaban mucho tiempo encerrados en sus castillos, a diferencia de los agricultores y otras personas que hacían trabajos al aire libre. Y como no se exponían mucho al sol, su piel era muy blanca, lo que hacía que el color azul de las venas resaltara aún más. De ahí viene la expresión «es de sangre azul» para referirse a la nobleza.

—Vaya... entonces no hay sangre azul.

—Algunos pocos animales tienen sangre azul, como los cangrejos herradura. También hay un lagarto que tiene sangre verde.

—¡Qué choriiii! ¿Por qué la tienen verde?

—Porque producen en grandes cantidades un pigmento llamado biliverdina...

—... que es de color verde.

—Sí. Y lo más interesante es que ese pigmento, la biliverdina, también explica el color de los huevos de gallina Mapuche, que producen mucha biliverdina en el conducto por donde pasan los huevos y por eso la cáscara se tiñe de ese color verde-azulado.

—¡Los huevitos verdes que compramos el otro día! ¿Me los estás haciendo ahora?

—Así es... Hoy tendremos un desayuno digno de la realeza.

LAS RAYITAS DE LOS DEDOS

¿Habrá algo más rico que un feriado? ¡Los amo! El problema es que yo soy como las gallinas: me despierto temprano igual. Este miércoles feriado saqué mis témperas para comenzar una de mis obras de arte (esta vez posmoderna) y me di cuenta de algo.

—Papá, ¿puedes venir?

—¿Qué pasó? —gritó él desde abajo. Sabía que estaba despierto, jeje...

—Es que quiero que veas algo.

Llegó subiendo las escaleras de dos en dos.

—¡Mira! —le dije, mostrándole mi dibujo—. Estaba pintando, me manché los dedos, apoyé las manos para probar unas técnicas posmodernas nuevas y... ¿se puede saber qué es eso que está en el papel?

—Son tus huellas digitales —me dijo él, con toda naturalidad y mostrándome sus dedos—. Yo también las tengo. Y todos los humanos, en realidad. Son pequeños surcos en la piel de la punta de los dedos y se han usado desde hace mucho tiempo para identificar personas.

—¿Kiéé?, ¿identificar personas?

—Lo que pasa es que la forma de esos surcos es ÚNICA. Eso se ha estudiado desde hace bastante tiempo y sirve para identificarnos. De hecho, algunas civilizaciones antiguas del oriente solían estampar las huellas digitales de las personas en tablillas de arcilla para validad su identidad.

—¿O sea que si alguien analiza mis huellas puede saber que yo hice este dibujo? Ejem, ejem... —dije subiendo y bajando mis cejas.

—Exactamente. O al menos saber que tus dedos hicieron esa mancha, porque tus huellas digitales no las tiene nadie más en el mundo. Si coinciden, queda demostrado que son tuyas.

—¿Y cómo se forman estas huellas? —dije tocándome el pulgar con el índice.

—Lo que sabemos actualmente es que las huellas digitales se forman durante el embarazo, cuando todavía no hemos nacido, producto del contacto de nuestras manos con la superficie de la placenta, que es la bolsa en la que nos desarrollamos. La probabilidad de que ese patrón se repita exactamente en otra persona es casi nula.

—¿Es lo que se usa en las películas de policías para identificar a los malos?

—¡Ajá! Si bien muchas personas propusieron usar las huellas digitales para estudiar crímenes, fue un policía croata que vivía en Argentina el primero en demostrar su uso práctico. Para eso tuvo que tomar las huellas de muuuchas personas y elegir qué características estudiar. Haciendo eso se dio cuenta de que no había dos huellas iguales. Luego esas observaciones fueron validadas por otras personas alrededor del mundo.

—¿Y las huellas digitales cambian con la edad? —pregunté tocando sutilmente las manos de mi papá.

—No, las huellas digitales no cambian con la edad. Eso es fundamental para poder usarlas al identificar personas.

—¿Y esas personas que son iguales-iguales?

—¿Los gemelos?

—¡Esos! ¿En ellos las huellas también son iguales?

—No, incluso los gemelos idénticos, esos que son exactamente iguales, tienen huellas digitales distintas.

—¿Entonces eso quiere decir que los podrías diferenciar por sus huellas digitales, a pesar de que son iguales?

—Tal cual. Por eso sigue siendo un sistema que se usa hasta el día de hoy para identificar y diferenciar a las personas.

Lo bueno de estas conversaciones con mi papá es que se activan mis ganas de hacer proyectos que mezclan arte con ciencia. Más aún en días feriados.

—¿Pongamos nuestras huellas digitales en un papel? —le propuse.

A mi papá, en vez de espantarle estas propuestas, le fascinan. Tomé un tarrito de témpera morada para mí y a él le pasé la verde. Nos pintamos las palmas con un pincel (¡cosquillas!) y fuimos estampando intercaladamente nuestras manos.

—Quedó bonito, ¿cierto? —dije, mientras me alejaba para contemplar mejor nuestra obra de arte padre-hija.

—Sí, me gusta mucho. ¿Me lo regalas?

Propuse que lo rifáramos haciendo cachipún y se lo ganó él igual. Me alegré cuando vi que fue a colgarlo en su pieza en el rincón de cosas especiales.

—¡Cuidadito! —me dijo—. Ahora tengo tus huellas digitales, así que piénsalo dos veces antes de hacer una maldad.

Me guiñó un ojo y, sonriendo, se fue a lavar las manos.

PAPÁ
Mª PAZ

HABLEMOS DE CACA

Cuando sacamos a pasear al Lukas, lo que más le gusta hacer es marcar territorio con pipí y olfatear las calles buscando quizás qué cosas. Eso y, bueno...

—Hija, te toca recoger la caca del Lukas —dijo mi papá apuntando un mojón perfecto que nuestro perrito acababa de depositar en el pasto.

—¡Guácala! Recógela tú.

—Tienes que aprender a hacerte cargo de sus cosas. Además, no vas a usar la mano, usa una de las bolsas para la caca que están en su correa.

Puse los ojos en blanco y saqué una bolsa. Con cara de asco supremo tomé la caca y luego, con mucho cuidado, cerré la bolsa con un nudo y la eché el tarro de la basura.

—¿Qué es la caca y por qué huele tan feo? —pregunté.

—La caca no es otra cosa que los restos sin digerir de lo que comemos. La digestión comienza cuando te echas la comida a la boca y termina en el baño, cuando eliminas los restos indigeribles de la comida. Si bien tanto el estómago como el intestino delgado tienen un papel muy importante en la extracción de nutrientes desde la comida, la caca se forma en el intestino grueso, donde las bacterias se alimentan de lo que queda de la comida, ¿recuerdas?

—Sí, las bacterias esas de los peos.

—Las mismas.

—¿Y por qué la caca es café?

—Resulta que hay un par de pigmentos que se producen en el cuerpo y que le dan el color a la caca. Uno se llama bilirrubina y el otro bilis. La bilirrubina es de color amarillento y la bilis es de color entre verde y café. La combinación de estos pigmentos, que deben ser eliminados, le da a la caca su color tan característico.

—¿Y qué me dices del olor? —pregunté arrugando mi nariz de forma exagerada.

—El olor proviene de sustancias que producen las bacterias del intestino. Esas sustancias son muy hediondas y le dan a la caca su olor... a caca. Además, se supone que ese olor desagradable sirve para que nos alejemos de la caca, ya que puede resultar muy poco saludable comerla por accidente.

—¡Puaaaaj!, ¡comer caca!

—Bueno, hay algunos insectos que comen caca.

—¿Y hay científicos que estudian la caca?

—Claro que sí. De hecho, hay muchas especialidades en ciencia que estudian la caca, desde los restos de caca fosilizada...

—¿Que qué?

—Caca de dinosaurios, por ejemplo. Su estudio permite saber qué cosas comían los dinosaurios...

—Jajajá, ¡amo a los dinosaurios! Quiero estudiar su caca.

Lukas, que había seguido paseando por la plaza, se puso a oler un árbol.

—Mira, papá. Parece que el Lukas va a hacer caca otra vez. ¡Tenemos que enseñarle a que recoja su caca! ¡Es justo!

Mi perro se quedó mirándonos y vino hacia nosotros ladrando. Después de todo, parece que no tenía tantas ganas de aprender cosas nuevas ese día.

LA PENA DE LAS CEBOLLAS

¡Me gusta el mes de septiembre! El aire tiene un olor particular, empieza a sentirse el calorcito y cada tanto se ven cometas en el cielo. Hoy nos tocaba una de las tradiciones padre-hija que más nos gusta: ¡el día de hacer empanadas! Fuimos a la feria temprano y después empezamos los preparativos con música de fondo. Como todavía no manejo bien los cuchillos, me encargué de sacarle el cuesco a las aceitunas y hacer aliños para la carne, mientras mi papá picaba la cebolla.

—¿Estás llorando? —Mi papá tenía los ojos rojos y le corrían lágrimas por las mejillas.

—No. O sea sí, pero no de pena... es por la cebolla —dijo con la voz congestionada.

—Ay, sí, a mí también me están empezando a picar los ojos —dije alejándome un poco—. ¿Por qué nos hace llorar la cebolla? O más bien,

THE FORSE
IS WITH
THE CHEF
HE FORSE
IS WITH
THE

¿por qué nos hace llorar la cebolla cuando la cortamos? Cuando está entera es igual de inofensiva que una manzana.

—Muy buena observación: la cebolla no te hace llorar si no la cortas.

—¿Y eso por qué? ¿Mecanismo de defensa? ¡Guayiá! —dije lanzando un grito karateka.

—De hecho, se cree que muy probablemente sea así... —dijo mi papá imitando mi gesto con las manos—. Imagina que las células de la cebolla son como una casa. En las casas hay diferentes piezas que tienen cosas distintas. Por ejemplo, ¿qué cosas hay en ciertas partes de la casa que no están en tu pieza?

—En mi pieza no hay horno. Tampoco está la taza del baño, eso es bueno.

—¡Correcto! En las células de las cebollas pasa lo mismo: hay algunas cosas que están en ciertas partes de las células y no en otras. Pero ¿qué crees que pasará con esas cosas que están separadas cuando cortas con un cuchillo las células de una cebolla?

—Mmhhh, ¿se va a juntar todo?

—¡Exactamente! Por eso cortar es fundamental para explicar por qué las cebollas nos hacen llorar. Resulta que al cortarlas se mezclan dos moléculas diferentes que nunca están juntas. Y cuando se juntan, forman una tercera molécula que fácilmente se dispersa por el aire. Esa molécula se llama sulfóxido de tiopropanal y es la responsable de hacernos llorar.

—Mmhhh, todavía no entiendo cómo pasa eso...

—No he terminado —dijo mi papá levantándose a buscar papel para secarse los ojos.

—Se te pusieron los ojos rojos, te aviso. Pareces un conejiiiito, ¡qué tierno!

—¡Es parte de lo mismo! —dijo limpiándose las lágrimas—. Resulta que la parte de afuera del ojo se llama córnea...

—¿Cómo en el fútbol?

—No, ese es el *corner*.

—Ah, como esquina en inglés. ¿Y córnea no quiere decir esquina?

—No, viene de cuerno, porque es bastante dura: es una parte del ojo muy importante y siempre debe estar protegida por una delgada capa de lágrimas. La córnea tiene además muchísimas terminaciones nerviosas...

—¿Como la punta de los dedos?

—Todavía más. Esas terminaciones nerviosas son muy importantes, porque si detectan alguna mugre en la córnea, automáticamente hacen que se produzcan muchas lágrimas para limpiar el ojo.

—Muy inteligente de su parte... El otro día me entró una cosita muy chiquitita en el ojo y se sentía como si fuera muy grande.

—Bueno, es por lo sensible de la córnea. El asunto es que el compuesto de las cebollas...

—El tío no sé qué...

—Ese mismo, que para hacer más fáciles las cosas se le dice «factor lacrimatorio»...

—¿*Lagrimatorio*?

—No, *lacrimatorio.*

—Pero se dice lágrima, no *lácrima* —dije poniendo mi cara de sabelotodo.

—Es verdad, pero la palabra viene del latín *lacrima* y, por alguna razón, en el caso de lágrima se reemplazó la c por g, pero no en el caso de lacrimógeno. En fin, ese factor lacrimatorio estimula a los terminales nerviosos de la córnea, se percibe como una sustancia irritante y se producen muchas lágrimas... lo que nos hace llorar.

—Ahora entiendo lo de la cebolla, pero tengo otra pregunta... ¿Por qué también lloramos cuando tenemos pena?

—Me encantan tus preguntas, ¿te lo había dicho?

—Casi a diario, papá.

—Muy bien. Se ha descubierto que la parte del cerebro que responde a las emociones está conectada con las glándulas que producen lágrimas. Si una persona experimenta emociones muy intensas, ya sea asociadas a tristeza o alegría, esas glándulas se activan y nos saldrán lágrimas.

—Pero eso no es lo único que pasa cuando uno llora con pena.

—Claro. Cuando lloramos con pena también cambian la respiración y la expresión de la cara, por ejemplo...

—Sí, uno queda con cara de pena. ¿Hay otros animales que lloren?

—No está del todo claro. Si bien a muchos animales les pueden correr lágrimas, eso no significa necesariamente que están llorando, ya que esto último lo asociamos con un estado emocional y no solo con que salgan lágrimas.

Toda la explicación me pareció muy interesante, pero todavía había algo que no lograba entender.

—Papá, ¿sirve de algo llorar?

—Eso es muy interesante. Algunos sicólogos que estudian el comportamiento humano creen que llorar cuando uno tiene pena podría constituir una forma de comunicarles a otros que no estamos bien. Si te encuentras con una amiga tuya llorando, lo más probable es que te acerques a preguntarle qué le pasa y si la puedes ayudar, ¿no?

—Es verdad, cuando veo a alguien llorando, aunque no pida ayuda, me acerco para saber si puedo ayudar en algo. Qué lindo como nos podemos comunicar sin decir palabras. También es muy útil... Pero no te desconcentres de tu tarea: ¿terminaste de picar a esas malvadas que te hacen llorar?

—Sí, por fin.

—¿Y a qué hora van a estar listas las empanadas?

—Mmhhh, falta un rato todavía. ¿Cómo vas tú con los aliños?

—Bien, mira —dije mostrándole mis avances—. ¿Crees que nos van a quedar ricas?

—¡Para llorar de felicidad! —dijo mi papá cerrándome un ojo.

SUEÑO DE UNA NOCHE DE VERANO

Estaba recién empezando a despertarme cuando sentí un ruido muy fuerte, algo así como ¡craaaash! Fui a la pieza de mi papá y no lo encontré. Con el pelo todo revuelto y cara de zombi famélico bajé a la cocina. ¡No pidan más! Salir de los sueños con un ruido molesto a todos nos deja en mal estado.

—¿Se quebró algo? —le pregunté a mi papá, que estaba agachado recogiendo algo.

—¡Buen día! Se me cayó una taza —respondió él, mientras recolectaba los pedazos grandes de loza—. Anoche no dormí bien y estoy algo torpe.

—¿Tuviste una pesadilla?

El Lukas se sentó a mi lado, mirándome para que le hiciera cariño.

—No, pero el Lukas ladró mucho y me costó quedarme dormido.

Eché alimento de perros en plato de perro y pensé...

—¿Qué son los sueños?

Me senté a comer naranja en la mesita y mi papá se sentó conmigo. Había recogido los restos de taza y se pasaba las manos por la cara como si se la estuviera lavando, pero sin agua.

—Esa es una muy buena pregunta —comentó en medio de un bostezo—. Y como ocurre con muchas de las mejores preguntas, todavía no tenemos una buena respuesta. Lo primero que te puedo decir es que los sueños son una serie de imágenes y sensaciones que experimentamos mientras dormimos.

—¿Y soñamos tooooooda la noche?

—Hace unos setenta años, los sicólogos descubrieron que la mayoría de las personas sueña en una etapa muy particular llamada «etapa de movimientos oculares rápidos».

—¿Oculares?

—Sí, eso se refiere a los ojos.

—Movimiento ocular... entiendo entonces que los ojos se mueven aunque estemos dormidos.

—Así es. Los sicólogos descubrieron que, cuando dormimos, pasamos por varias etapas. Hay una en particular de sueño muy profundo y que se caracteriza por el movimiento de los ojos. Esa etapa se repite varias veces durante la noche y es justamente ahí cuando experimentamos los sueños que después podemos recordar.

Me quedé pensando un rato. Mi papá aprovechó de servirme mi leche con chocolate mientras ponía a tostar un poco de pan y se servía café.

—¿Y por qué soñamos?

—Hmm... esta pregunta es más compleja. El otro día estaba leyendo algunos estudios al respecto y comprobé que los científicos tienen varias ideas sobre por qué existen los sueños. La primera es que se trata solo de una interpretación que una parte del cerebro hace de la actividad caótica de otra parte del cerebro y que ocurre durante el sueño.

—Me perdí —dije y di un trago largo a mi leche. Todavía no conseguía despertar del todo.

—Científicos han observado que, cuando dormimos, una parte del cerebro tiene un tipo de actividad que no es ordenada. Nadie sabe muy bien por qué ocurre eso, pero creen que esa actividad desordenada es interpretada por otra parte del cerebro que trata de darle sentido y, producto de eso, soñamos. Quienes apoyan esta idea dicen que lo extraño de las situaciones que ocurren en los sueños podría relacionarse con esa actividad desordenada.

—¿O sea que no habría una razón para soñar?

—Bueno, eso al menos es lo que cree un grupo de científicos.

—¿Y hay otros que opinan otras cosas?

—Claro. Otro grupo de científicos cree que los sueños sirven para regular nuestro estado de ánimo y ayudarnos a adaptarnos a la vida cotidiana. Es una idea muy antigua, pero, nuevamente, es muy difícil demostrarla.

—Yo una vez leí que los sueños sirven para que nuestro cerebro recuerde mejor las cosas.

—Claro. Hay científicos que piensan que los sueños nos ayudan a recordar mejor lo que hemos aprendido. Otros creen que los sueños tienen un papel muy importante en la evolución y que nos permiten enfrentarnos a diversas situaciones, algunas de ellas peligrosas, en un escenario simulado.

—¿Como la realidad virtual?

—Ehh... algo así.

—¿Y por qué los científicos no se ponen de acuerdo?

—Es totalmente normal no ponerse de acuerdo cuando se tratan cosas tan complejas. Sin embargo, a medida que las estudiemos y entendamos mejor, es posible que lleguemos a una idea más general y aceptada sobre los sueños.

—¿Y las pesadiiiillas? —dije moviendo mis dedos cerca de la cara de mi papá, poniendo voz tenebrosa.

—Las pesadillas no son otra cosa que sueños que plantean escenarios aterradores.

—¿Y el Lukas puede soñar? —pregunté.

—Los científicos que estudian el cerebro creen que muchos animales sueñan, pero no están seguros. Cuando han observado qué pasa con el cerebro de los animales al dormir, han visto que este se comporta de forma muy parecida al cerebro humano cuando soñamos. De hecho, han detectado ese tipo de actividad en los mamíferos y las aves.

—¿Qué es ese olor?

Mi papá pareció no entender la pregunta al principio pero luego se puso de pie de un salto: estábamos tan entretenidos conversado que el pan que había puesto a tostar se quemó. Para qué vamos a andar con cosas: nos pasa siempre, jeje. Le ayudé a abrir las ventanas y pusimos más pan a tostar.

—Y tú, ¿cuándo me vas a llevar desayuno a la cama a mí? —me preguntó mi papá.

—En tus sueños —respondí subiendo y bajando las cejas.

Gabriel León

Mi papá nació en Santiago el siglo pasado, en 1975. Cuando niño era tan curioso como yo y por eso decidió ser científico, para lo que tuvo que estudiar muuuuchos años. Es bioquímico, doctor en biología celular y molecular (o sea, no es doctor de esos que trabajan en un hospital) y durante varios años trabajó en una universidad. Ahora se dedica a explicar la ciencia a todo el mundo: trabaja en una radio, escribe libros y más adelante quiere ser panadero y fotógrafo. Un loquillo.

Paula Balbontín

Es diseñadora gráfica e ilustradora. Nació en Santiago de Chile en medio de una familia numerosa que incentivaba la creatividad. Durante su infancia pasaba mañanas enteras persiguiendo a su mamá por toda la casa preguntándole qué podía dibujar. Hoy esa pasión por el dibujo la llevó a hacer su primera colaboración en un libro infantil.